My Sister
Ni-Ti-San

Roxanne Linklater

Copyright © 2018 Roxanne Linklater

All rights reserved.

ISBN: 978-0-9958407-2-0

ACKNOWLEDGMENTS

A big thanks to Cornelius Bighetty for his translation into the Cree language. This elder is just wonderful and I appreciate his willingness to help transmit our language to the new young generation.

Ekosi, Roxanne

Tan-si, Cyndell,

Ne-wi-hi-tho-win Ya-ko I-si-thi-ka-so-ya

Hello! My name is Cyndell.

Ne-tha-ni-kan A Ki-ni-ta-wih-ki-yan, O-mis-i-maw

I'm the oldest in my family.

Ke-kwan E-ke Me-tho-ko-wi-si-yan,

Ka-weh-ta-ma-ti-na-wowl

I have a surprise to share.

A-hew o-ma, E-ke-mi-ta-we-kit

O-noch, Ne-se-mis, Es-kew-sis

I have a new baby sister.

Ma-ha K-wa-yask Ni-mi-thew-th-iter,

A-hew O-chi Ne-tha Pi-ko E-ke Esk-we-si-si-we-yan

I'm happy because I was the only girl.

Ne-so Nis-te-sak Ni-ta-ya-wa-nahk

I have two brothers.

Ma-ka, Mis-ta-heh E-ta-ka-mik-e-si-wak,

Mis-ta-heh

E-to-weh-ta-wak E-kwa-me-na Ma-ci-ho-wak

They are bugs, loud and messy.

Ni-ni-hik-wak, No-tah-we E-kwa Ne-ka-we Ta-pi Ta-ko-sini-wak A-noch A-ke-sih-kak

E-pe Ke-wih-ta-ha-cik,

Ni-se-mi-sah

BUT!!
Mom and Dad
are coming home today with
my sister.

E-kwa, Ne-wi-ci-how, No-kom,

E-ki-c-es-ti-na E-ta Ni-se-mes

A-we A-yat

So I'm helping my granny clean my sister's new room.

Ni-to-sih-kah-n I-tah A-we-ni-pa-ht Ni-se-mes Ta

Mi-thaw-shi-hk E-kwa Ta-tho-sk-wak

Making my sister's bed nice and soft.

M-wac Ni-ke-pe-hoy Ta Wa-pa-mak

I can't wait to meet her.

Ni-ma-mi-to-ni-thi-ten Ke-kwan

Ni-kahn A We To-ta-man

I wonder what we are going to do first?

Na-ka-na-wah-pa-tew I-to-ke O-ta-oma

Pi-mi-pa-the-ci-ka-hn, Kek-wan

Ta No-ci-ki-na-kwa

Watch cartoons on TV.

Na-se-pi-hk-a-stan, Pi-yak-wan A-pa-hk-a-si-mo-yan

Take a bath.

Na-ya-ne-ci-ke-sta Ma-wow A-c-emo-wi-nah, Ne-si-mes

Read stories to her.

Ne-ke-si-hk-e-c-is-ten-en Oh-mi-pe-we-wi-hk-a-mik

I'm done cleaning her room.

O-kwa, Ni-pi-how Me-si-mis Ta Pe-ke-we-ht

Now I wait for my sister to come home.

Ni-wa-pah-mow No-ta-we O-ta-pa-nask-wa

I see dad's truck!

No-ta-we E-kwa Mi-ka-we Ta-ko-si-nok Ni-ki-nah,

A-se-ce Me-se-mis

Mom and Dad
are home with my sister.

Ne-ti-to-ta-nan E-ta Ma-na A-ma-ma-wa-pi-ya-hk

We walked to the living room.

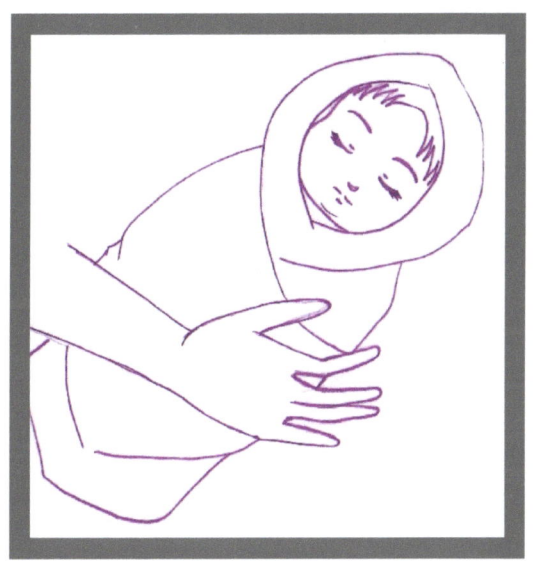

**Ni-ka-we Ah-pah-wew Ni-se-mi-sah
K-wa-yask E-sa Ke**

We-weh-ki-new A-koh-pi

Mom unwrapped my sister,
she was bundled in blankets.

**K-wa-yask Mi-sa-the-wa O-ski-si-kwa
E-kwa O-c-e-c-sa**

Ya-pi-si-thin-e-kwak

Her eyes are big and her hands are so tiny.

Tansi, Me-si-mes, Ne-tha O-ma Ke-mis

Hello baby sister, I'm your big sister.

Mi-se-mis Ah-wa A-pi-si-si-sew,

Ma-ka Me-tho-si-sew E-kwa

K-wa-yask Me-tha-wa-win A-yaw

My little sister is
beautiful and perfect.

K-wa-yask Ka-ki-te-the-mi-ten

I will take care of you.

Ek-wa-ni M-wac E-kwa Ne-tha Na-pe-ya-kohn

A-es-kwe-si-se-wi-yan

Now I'm not the only girl in my family.

THANK YOU!
Ei-ko-si!

THANK YOU FOR READING
MY BOOK

www.ingramcontent.com/pod-product-compliance
Lightning Source LLC
Chambersburg PA
CBHW041746040426
42444CB00004B/184